À Lili, ma source d'étoiles.
À ma famille.

Les émotions de Gaston

JE SUIS JOYEUX

Aurélie Chien Chow Chine

hachette ENFANTS

Voici Gaston.
Une petite licorne comme toutes les autres,
ou presque...

Parfois, Gaston est content.
Parfois, il n'est pas content.
Parfois, il est en colère.
Parfois, il est fou de joie.
Parfois, il est jaloux.

Ce sont des émotions.

Et Gaston,
il ressent toutes sortes d'émotions.
Comme toi.

Mais Gaston a quelque chose de magique :
sa crinière.

Quand tout va bien, sa chevelure
prend les couleurs de l'arc-en-ciel.

Sinon, elle change de couleur
en fonction de ses émotions.

joyeux

jaloux

en colère

coupable

timide

apeuré

boudeur

triste

Comment se sent Gaston en ce moment ?

Bien !

Ah, Gaston porte toutes les couleurs
de l'arc-en-ciel. Il se sent bien. Un beau soleil brille
dans son cœur et il va nous expliquer pourquoi.

Et toi, comment te sens-tu aujourd'hui ?

très bien

bien

assez bien

pas très bien

mal

très mal

Pourquoi Gaston se sent-il si bien?

Ce matin, Gaston se réveille de bonne humeur. Chouette ! Il n'y a pas d'école aujourd'hui !

Il va pouvoir faire tout ce qui lui plaît : prendre tranquillement son petit déjeuner, flâner, rêver, jouer...

Mais peut-être que tout le monde ne ressent pas autant de bien-être.

Gaston s'intéresse à ce qui se passe dans la maison.

Et en effet, Mamie, Maman et Papa n'ont pas l'air d'aussi bonne humeur que Gaston.

Quand tout va bien,
c'est le moment de **s'intéresser aux autres**.

Gaston est de bonne humeur, mais il aimerait bien
que sa famille se sente aussi bien que lui.

Et si on partageait un peu de **bonheur**
avec ceux qui nous entourent,
grâce à un mouvement de sophrologie?

Mouvement de respiration pour partager son bonheur

1 Gaston ferme les yeux.
Il imagine qu'il est rempli de petites étoiles de bonheur de toutes les couleurs.
Il inspire par le nez en gonflant son ventre.

2 Gaston bloque sa respiration.
Il tourne plusieurs fois le haut de son corps : sa tête et ses bras de gauche à droite, puis de droite à gauche, en imaginant qu'il va distribuer ses étoiles de bonheur autour de lui.

③ Gaston souffle
doucement par la bouche,
en ramenant ses bras
le long de son corps.
Il est joyeux de pouvoir
partager son bonheur.

Gaston fait ce mouvement **3 fois**.
Il faut bien 3 respirations pour semer
toutes les petites étoiles de bonheur !

Maintenant, il est prêt à donner
de la joie à tous ceux
qui l'entourent.

Gaston regarde autour de lui.
Qui a envie d'un peu de bonheur ?

Tiens, Mamie a perdu ses lunettes.
Gaston aide sa grand-mère à les chercher.
« Ah ! Les voilà ! Elles sont sur ta tête, Mamie ! »

Amusée, Mamie remercie son petit Gaston
car, sans lunettes, elle n'y voit rien !

Gaston continue de s'intéresser
à ce qui se passe autour de lui.

Papa a l'air bien encombré avec tout ce linge.
À deux, ce serait plus facile, se dit Gaston.

Alors il aide Papa à étendre le linge propre
dans le jardin.
« Merci, mon grand », lui dit Papa, enchanté.

Oh, Maman semble très contrariée.
Elle a renversé son verre d'eau sur son bureau !
Gaston ne peut rien y changer, mais un gros bisou
lui fera certainement beaucoup de bien.

Grâce à ce câlin, Maman retrouve le sourire
et ressent du bonheur.
« Merci, mon Gaston, tu es un amour ! »
dit-elle avec douceur.

En leur parlant, en les aidant, en faisant des câlins,
Gaston a partagé son bien-être
avec Mamie, Papa et Maman.

Il est tout content de leur avoir donné
des **étoiles de bonheur**.

Gaston se sent très bien,
encore mieux qu'avant.
Il est joyeux !

Tout le monde a retrouvé sa bonne humeur,
même la jolie coccinelle que Gaston
a rattrapée dans l'eau.

Si toi aussi,
tu as semé tes étoiles de bonheur
autour de toi, tu te sens encore plus heureux
et rempli de joie. **Tu peux être fier de toi !**

Retrouve toutes

Les émotions de Gaston

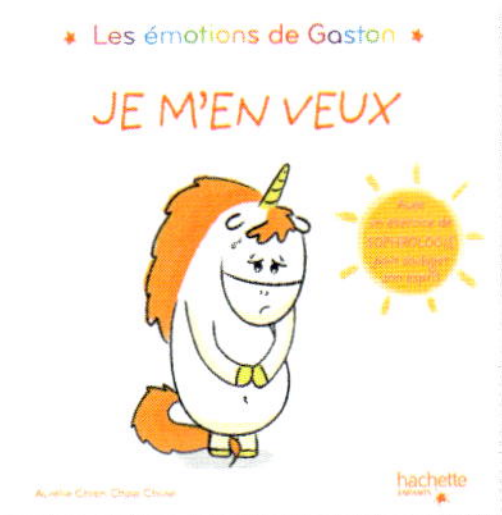

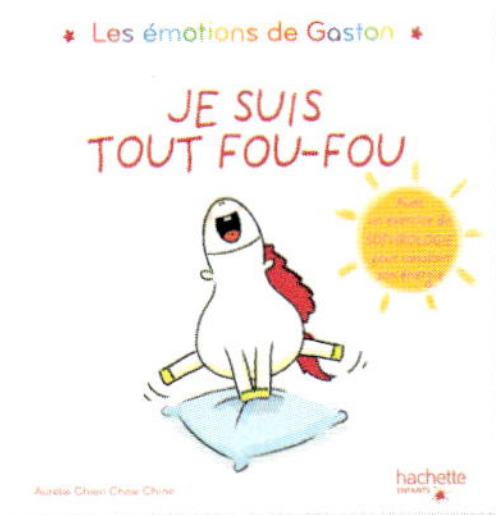

PAPIER À BASE DE FIBRES CERTIFIÉES

hachette s'engage pour l'environnement en réduisant l'empreinte carbone de ses livres. Celle de cet exemplaire est de : 200 g éq. CO_2 Rendez-vous sur www.hachette-durable.fr